AF371019

Comte de CHARENCEY

QUELQUES

ÉTYMOLOGIES EUSKARIENNES

PARIS

J. MAISONNEUVE, LIBRAIRE-ÉDITEUR

6, RUE DE MÉZIÈRES ET RUE MADAME, 26

1898

QUELQUES ÉTYMOLOGIES EUSKARIENNES

1° ZURI, A, « blanc ». L'étymologie de ce mot semble, à première vue, assez obscure. Toutefois, ce n'est guère un de ceux auxquels on pourrait être tenté d'attribuer une origine fort ancienne. Il ne faut pas songer à le rapprocher du Fr. « souris », qui, comme nom de teinte, désigne spécialement sorte, chez les chevaux, indique un animal avec des marbrures, écuyères et une croix de mulet.

La ressemblance avec le Turk *Sire*, « jaune », — Khirghise, *Sar*, « jaune », Koïbale, *Saryq*, m.s. — Mongol, *Siru*, — Bouryete, *Shura*, m.s. — Yourake, *Sirr*, « blanc », — Wogoule, *Saïrang*, m.s. — Japonais, *Sira*, — Ostyak (dialecte Surgute), *Sour*, « gris », — Magyar, *Szuerke*, m.s. — Accadien, *Serka*, « éclat », *Shir*, « lumière » et *Sur*, « splendeur », nous semble purement fortuite. Il en est de même de l'affinité que l'on pourrait être tenté d'établir avec certaines expressions d'origine Indo-Européenne, telles que l'Arménien *Shar*, « blanc, jaune, rougeâtre », d'une racine *Svar*, *Saw*, *Su*, « briller », d'où Sanskrit *Svar*, « ciel », et *Suryas*, « soleil ».

Le plus simple serait d'y voir le Béarnais *Seu*, « suif », — Espagnol et Portugais *Sebo* « suif », —

italien, *Sevo. Sego*, en Latin *Sebum, Serum*, m.s., mais avec la finale *ri* parfois ajoutée aux noms de couleur. Cf. GORRI. La valeur propre de *Zuri* est donc litt. « Ce qui est de la couleur du suif » et, par suite, « blanc ».

2° GORRI, A, « rouge ». Nous nous étions d'abord demandé s'il ne conviendrait pas de rapprocher le mot du vieux provençal, *Gorrier*, « élégant, recherché dans sa mise ». — Languedocien moderne *Gourrié*, m.s. Les idées de beautés et de couleur rouge peuvent ici se trouver unies comme elles le sont dans le Russe *Krasnoï*, lequel s'emploie aussi bien dans l'un que dans l'autre de ces deux sens. Un examen plus approfondi nous a démontré ce qu'une telle explication offrait de peu acceptable. Dans le mot basque en question, nous reconnaîtrons tout d'abord la finale *ri*. Voy. *Zuri* précédé de la racine *Gor*, laquelle ne constitue qu'une abrév. de l'Espagnol *Colorado*, litt. « coloré », mais qui se prend dans le sens spécial de rouge, cf. d'ailleurs le portugais *Côr* qui a la même valeur. Y aurait-il à constater ici une influence directe du Portugais sur le Basque comme dans *Zabal*, « plaine », ou *Chanket*, « boiteux », déjà étudiés dans un précédent travail ?

Que le rouge ait été considéré comme la couleur par excellence, rien d'étonnant à cela ; c'est celle qui frappe le plus l'œil par son éclat, précisément parce qu'elle occupe le centre de la gamme chromatique, à

égale distance de la teinte claire qui est le jaune et de
la teinte sombre, laquelle est le bleu.

3° BELZ, A ; « noir ». Le *l* pourrait bien être ici
purement euphonique comme dans *Alzeir*, « acier »,
— *Moldesi*, « modestie ». Nous aurions donc tout lieu
de rapprocher ce mot de l'Espagnol *Bazo*, « brun », d'où
Pan bazo, « pain bis ». — Vieux Provençal *Bis*, « bis,
de couleur sombre ». — Italien *Bigio*.

Deux étymologies, d'ailleurs, ont été proposées
pour expliquer ces termes. Vossius, d'après Ménage,
les rattache à une forme du Bas-Latin *Bysseus*, litt.
« couleur de coton », de *Byssus*, « coton ». De là vien-
drait encore le portugais *Bugia*, « guenon » et le Bas-
Latin *Busius*, « fauve ».

Diez préfère voir dans les mots en question, une apo-
cope du Latin *Bombycinus*, « cotonneux, couleur de
coton ». En tout cas, le mot est assez ancien en Basque,
puisqu'on le voit apparaître comme nom ou surnom
dans un texte du XIIe siècle.

La première de ces étymologies, bien que n'étant
pas à l'abri de toute critique, nous semble encore la
plus acceptable.

En tout cas, ni *Belz* ni *Baso*, ni même le Français *bis*
n'ont certainement rien à faire avec notre expression
Balzan qui désigne un cheval noir ou roux, mais taché
de blanc aux pieds, d'où « Balzane », tache blanche
au pied d'un cheval. C'est évidemment à tort qu'on a
voulu attribuer à ces derniers mots une origine Cel-

tique. M. Devic a fort bien démontré qu'ils viennent de l'arabe *Balqa*, féminin de *Ablay* et signifiant *Albo nigroque colore variegatus*.

Personne ne consentira à voir autre chose qu'une coïncidence fortuite entre le *Belz* du Basque et le Tcherkesse ou *Adighé*, *Pizza*, « bleu ». — Arine *Biz*, m.s.

On remarque que les formes *Bazcho*, *Baztazun* données par Larramendi ne possèdent pas le *l* médial, nouvelle preuve qu'il doit être regardé comme adventice.

4° HORI, A ; « jaune ». Nous avons cherché tout d'abord s'il n'y aurait pas quelque affinité à établir entre cet adjectif et *Urhe*, « or ». Il aurait donc signifié litt. « color aureus ». Cela irait assez pour le sens, mais au point de vue phonétique soulèverait certaines difficultés. Nous aurions d'un autre côté, peine à y voir le Béarnais *Haubri*, « blanchâtre », du Latin *Albinus*, dérivé lui-même de *Albus*, « blanc », cf. Ombrien *Alfus*, m.s. et Grec ἀλφός (d'après Hésychius) et qui n'est resté en usage que comme terme de médecine.

Il vaut mieux, ce nous semble, le rattacher au Latin *aurum*, mais par l'intermédiaire du Béarnais *Lauret*, litt. « doré », du latin *Auratus*. C'est un nom souvent donné aux bœufs qui ont le pelage bai-clair. En Poitou, on se sert de l'expression *Doret*. Ne disons-nous pas en Français, des « cheveux dorés » pour des cheveux d'un blond vif ? Le *l* initial Béarnais est ici adventice comme dans le Français *Lierre* pour «Illa hedera », l'Italien *Lordura* pour « *la ordura* ». Le Basque l'aura laissé tomber ici comme dans *Aderallu*, « brique », de l'Espagnol *Ladrillo*. Quant à la diphtongue *au* devenue *o*, cf. *Yaun*, « seigneur », de l'Espagnol *Don*, — *Hauta*, « choisir », du latin *optare*.

5° IZ, IZAN, « être, été ». C'est le verbe substantif en Basque et il peut servir d'auxiliaire comme dans nos dialectes romans.

Le prince L.-L. Bonaparte voulait y retrouver une altération de *Hitz*, « parole, verbe », et rendait *Niz*, « sum » par « meum verbum » pour *Ni hitz*. Une telle conception semble bien abstraite, bien philosophique, surtout chez un peuple de laboureurs et de bergers, comme sont aujourd'hui encore les Eskualdunaks.

D'autre part, nous avons dû reconnaître peu soutenable l'hypothèse par nous émise jadis que cette racine *Iz*, *iza*, n'était autre chose que la finale médiative *z* précédée d'une voyelle euphonique et qu'il convient, en conséquence, de voir dans le même *Niz*, « sum ». — *Hiz*, « es », l'équivalent des termes, *per me, per te*. Il serait, en effet, assez difficile de comprendre comment une simple désinence a pu se transformer en verbe substantif.

Somme toute, l'opinion la plus soutenable consiste à admettre l'emprunt fait par les Basques de cette racine *Iz* aux peuples Aryens, probablement même aux Celtes. Nous avons en Gaulois *Esti*, « il est », à rapprocher du grec ἐστι, cf. Latin, « est, esse ». — Allemand, *Ist*, « il est », — Gallois et Irlandais *Is*, m. s. — Sanskrit *As*, « esse », etc., etc.

L'analogie formelle qu'offre le Basque avec certains dialectes de l'Amérique du Nord c'est que, primitivement, dépourvu comme eux de verbe substantif et de pronom relatif, il a emprunté ces parties du discours à des peuples de souche indo-européenne.

Ce qui serait, d'ailleurs, bien de nature à nous confirmer dans cette manière de voir, c'est qu'en Basque, l'on emploie les verbes « être » et « avoir » en guise d'auxiliaires. *Iza*, par exemple, sera employé pour former des passifs tout comme le verbe substantif en Français, en Espagnol, en Provençal, et l'on aura par exemple, *Maithatu da*, « il est aimé », de *Maithatze*, « *Amatus* », et *da*, « est ».

L'on découvre là, un exemple frappant de l'influence exercée par les idiomes plus développés au point de vue organique sur ceux qui leur sont inférieurs à cet égard.

Ne peut-on pas conclure de là, sans excès de témérité que, depuis les temps historiques, tout le système de la conjugaison euskarienne a dû être remanié dans une bien large mesure?

Si donc, cet idiome, au point de vue du lexique, est un des plus chargés d'éléments étrangers que l'on puisse citer, on ne saurait non plus le considérer comme absolument originel et primitif, même sous le rapport morphologique.

On a, et non sans raison, suivant nous, admis que les peuples Aryens eux-mêmes ont bien pu, à l'origine, être également dépourvus de verbe substantif. La racine *As* n'aurait-elle pas, par exemple signifié simplement d'abord « respirer »? Elle offre, en tout cas, bien de l'affinité avec le sanskrit *Asu*, « souffle, respiration ». L'on citera bien des cas de transformations de sens analogues. Est-ce que le Latin *Stare*, « être debout, s'arrêter », n'a pas donné naissance au *Stare*, « être », de l'Italien, pris comme auxiliaire, par exemple dans *E stato*, « fuit », à l'*Estar*, « être » e» l'Espagnol et du Portugais?

Précisément, en Basque, le verbe *Egon*, «demeurer », « rester », se prend volontiers comme synonyme de notre verbe substantif. Ex. : *Barrioa otez ihaurri dago*, « la cour est couverte d'ajoncs », litt. « reste, demeure couverte, etc. » — *Ihaurri dago bide guzia ostoz eta adarrez*, « tout le chemin est couvert de feuilles et de branches ». Cette dernière façon de s'exprimer pourrait bien ne pas remonter très haut en Basque, et nous y verrions volontiers une preuve nouvelle de l'action exercée sur lui par les dialectes néo-latins.

Ajoutons d'ailleurs qu'en ce qui concerne le verbe être, bien d'autres peuples semblent ne s'être guère montrés moins imitateurs que les Basques. Nous ne savons plus quelle peuplade indienne des États-Unis, citée par Bancroft s'est forgé un verbe auxiliaire à l'exemple de l'Anglais. Le Maya ou Yucatèque moderne a calqué l'Espagnol sur ce point et s'est créé un paradigme de verbe auxiliaire totalement inconnu à la langue ancienne du pays. Enfin, n'a-t-on pas cru retrouver le *Werden* germanique dans le *Var*, « il est », de l'Osmanli?

6° HODEI, A; ODEI, A; « nuage ». L'étymologie de ce terme est assez obscure et nous n'osons la donner que comme probable, non comme absolument certaine.

On ne saurait, bien entendu, admettre qu'une ressemblance purement fortuite entre le terme Basque et l'Ostyak (dialecte Irtyche), *Péteng*, m. s. (dial. Surgute), *Pétyegn*. La forme primitive de ce terme devait certainement avoir une liquide, non une dentale muette, comme l'établissent le Suomi *Pilwi* « nuage », — Magyar, *Felhœ*, m.s., — Tcheremisse *Pil*, — Wotyèque, *Pilhem*, etc.

D'autre part, nous n'oserions affirmer la parenté, malgré une grande ressemblance et pour le sens et pour la forme, entre *Hodei* et le Bas-Breton *Hudenn*, *hurenn* « nuage », sans doute pour un archaïque *Suden*, ou *Surenn*. Le mot est isolé au sein de la famille celtique et on ne sait guère d'où il vient.

Il convient, croyons-nous, d'aller chercher beaucoup moins loin l'explication de *Hodei*. Ne serait-ce pas simplement une altération de *Ur-tegi* ou *Ur-degi*, *ug-degi*, litt. « demeure des eaux, qui contient de l'eau »? Cette dénomination conviendrait on ne peut mieux au nuage. D'ailleurs, on sait que le *r* de *Ur*, « eau », tombe volontiers en composition pour être remplacé par un *g* ; cf. *Ug-atza*, « mamelon », litt. « moyeu, cylindre humide » de *Ur*, « aqua », et *Atza*, « moyeu d'une roue, corps allongé », — *Ugotcho*, « brochet loup d'eau », pour *Ur* et *Otcho*, *Oxo*, « lupus », — *Ugalde*, litt. « près les eaux », de *Alde*, « proche, endroit rapproché », nom de famille d'une cantatrice célèbre, etc., etc. Par suite d'un affaiblissement assez fréquent du *u* initial en *i* nous obtenons enfin *Igeri*, « en trempe », litt. « dans l'eau, ce qui est dans l'eau », pour *Ureri* et avec la suffixe allative et partitive *Ka*, — *Igerika*, « nager », litt. « *jacere* per humidum », pour *Urerika*, — *Igel*, « grenouille », litt. « l'aquatique », — *Igelsu*, « plâtre », litt. « qui prend beaucoup l'eau, l'humidité » (cf. la particule de renforcement *Su* ou *Zu*).

D'ailleurs, le *g* médial entre deux voyelles est sujet à tomber. Cf. par exemple, *Nagusi* « maître », qui dialectalement devient *Nausi* ou même *Nabusi*. — *Sagutei*, « souricière », litt. « maison de souris », pour *Sagutegi* ; cf. *Sagu*, « sorex », et *Tegi*, « domus ».

Ce qu'il y aurait ici toutefois d'un peu anormal peut-être, ce serait ce *r* remplacé pour un *g* devant une consonne. Dans les exemples précités, le cas ne se présente guère que pour le *r* entre deux voyelles.

Quant au *t* de *Tei* ou *Tegi* devenant *d*, au *u* primitif transformé en *o*, enfin au *h* initial euphonique, ce sont des faits trop fréquents en Basque, pour que nous ayons à nous y arrêter ici.

7° **KATABUT, A**, « cercueil, bière » dans le dial. d'Irun et synonyme du Bas-Navarrais *Hilhutcha* qui veut dire litt. « boîte de mort ».

Le prince L.-L. Bonaparte pensait qu'il n'y a sans doute que les deux première syllabes de commun entre ce mot et *Kataburu*, qui a le même sens dans le dialecte de Lezo, et que les finales *But* et *Bur* pouvaient fort bien avoir chacune une origine différente.

D'ailleurs, il admettait une affinité tout au moins possible, sinon même assez probable, entre ces deux termes et l'Italien *Cataletto* qui possède un sens identique et se trouverait formé de *Letto*, « couche, lit », précédé du même dissyllabe *Cata* ou *Kata*.

D'autre part, le savant basquisant penchait à voir dans ce dernier, l'Espagnol *Catar*, « voir, regarder », du Latin *Catare*, m. s., mais il ne croyait pas qu'il y eût le moindre rapprochement à faire entre *Katabuta* et l'Arabe *Tabut*, m. s., d'où dérive visiblement l'Espagnol *Ataud*, ce qui supposerait une forme intermédiaire *Atabut*, *Adtabu*.

Nous ne saurions nous ranger à cette opinion et voici pourquoi :

D'abord, rien ne prouve, et c'est ce que nous allons tout à l'heure essayer de démontrer, que le dissyllabe *Kata* de *Katabuta* ait quoi que ce soit à faire avec le

Cata de *Cataletto*. Ce dernier se retrouve dans diverses expressions des dialectes néo-latins. Cf. par exemple, Italien *Catafalco* « catafalque, échafaud », à rapprocher des formes Basses-Latines *Catafaltus, Catafaldus, Cadaffale, Cadapallus, Cadaphallus, Chafallus*.

Nous pouvons également regarder comme un doublet de ce mot le vieux Provençal, *Cadafale*, « échafaud », — vieux Catalan, *Cadafal*, — Portugais, *Cadalso*. C'est ce que prouve l'exemple de l'Italien et du Bas-Latin où le même mot désigne l'échafaud et le catafalque.

Ducange dérive ce dissyllabe *Cata* du latin *Catus, Cattus*, qui avait d'abord voulu dire « prudent, avisé », de *Cautus, Cavere*, d'où encore le nom de famille, *Caton*. De là, on passe au sens de « chat », cet animal se faisant remarquer à la fois par son astuce et sa circonspection.

Enfin, à une époque plus rapprochée de nous, *Cattus, Catus* finit par désigner une machine de guerre à laquelle on avait trouvé nous ne savons quelle ressemblance avec un félin.

Dans cette hypothèse, *Cataletto*, de *Letto*, « lit », et *Catus*, se rendrait litt., par « couche ayant la forme de la machine de guerre appelée chat ». *Catafalco*, par contre, équivaudrait à « poutre offrant l'apparence du même instrument. En effet, on ne saurait méconnaître dans le *Falco* italien, l'Allemand *Balken* « poutre », — moyen haut Allemand, *Balke*, — vieux haut Allemand,

Balcho, — Anglo-Saxon, *Balca.* — Anglais et Hollandais, *Balk,* — Suédois, *Bjelke,* — vieux Norrain, *Balkr,* « enclos, ligne de séparation », d'une racine proethnique Aryenne, *Bhalg,* que nous retrouvons encore dans le Grec Φάλαγξ, «rouleau, phalange, légion ».

Mais alors, on devrait s'attendre à rencontrer des formes telles que *Catofalco, Catoletto,* non *Catafalco* et *Cataletto.*

Diez, au contraire, veut retrouver l'origine de ce dissyllabe *Cata* dans l'Espagnol et Portugais *Catar* «regarder, épier, rechercher, examiner», du Bas-Latin *Catare,* m. s. C'est l'opinion reprise plus tard par le prince Bonaparte.

Littré nous fait observer d'ailleurs que les deux explications diffèrent plus en apparence qu'en réalité, puisque après tout, *Catare* dérive de *Catus* et signifie litt. « imiter le chat qui guette la souris ». L'hypothèse imaginée par Diez, plus satisfaisante peut-être au point de vue phonétique que la précédente, ne semble guère acceptable sous le rapport de la sémantique. Quel rapport trouvera-t-on entre un cercueil ou un catafalque et un lieu d'observation ?

Le fait est qu'il nous paraît difficile, au point de vue étymologique, de séparer le dissyllabe initial de *Catafalco, Cataletto* de celui qu'offrent des substantifs tels que « catachrèse, catalogue, catéchisme, catastrophe » etc., etc. Or, à n'en pas douter, c'est le Κατὰ « contre,

en détail, en bas, avec mouvement de haut en bas »
que l'on y retrouve.

Toutefois, dans les deux exemples précédemment
cités, la préposition grecque semble avoir revêtu un
caractère spécialement péjoratif. Nous rendrons donc
litt. *Cataletto*, par « mauvais lit, couche funèbre »,
et *Catafalco* par « mauvais échafaudage, échafaudage
funèbre ».

Tout au contraire, si nous voulons' (et c'est bien le
parti le plus sage de notre avis) nous en tenir aux
données fournies par la phonétique Euskarienne,
reconnaissons dans la 1re syllabe de *Katabuta*, la péjorative initiale bien connue *G*, *Ga* ou *Ka*, qu'offrent
également *Gahamu*, « petit hameçon », cf. Latin
Hamus, — *Garrathoin*, « rat », de l'espagnol *Raton*,
— *Katalo*, « en suspens », etc., d'origine sans doute
romane. (Voyez les préfixes *Cha* ou *Ca* du français,
par exemple, dans *Cahutte*, litt. mauvaise hutte);
Chavirer, litt. mal virer, mal tourner). A cette préfixe
vient s'ajouter l'Arabe *Tabut* « cercueil », peut-être
en passant par une forme archaïque hypothétique de
l'espagnol, car il n'existe guère de termes Basques
dont on puisse dire avec certitude qu'ils ont été em-
pruntés directement à l'Arabe.

Si le *t* de la syllabe finale est devenu *r*, dans le
dialecte de Lezo (*Kataburua* pour *Katabutua* cette
transformation, pour rare qu'elle soit, offre-t-elle rien
de plus étrange que celle du *d* en gutturale liquide

dans *Desperi*, expédier (cf. Espagnol *Despedir*, « jeter, lancer, congédier » ?

Quant au *u* final euphonique, on en citerait bien des exemples. Cf. entre autres le Basque *Chukhu* « sec », et le Béarnais *Eschuc* « sans suc », du latin *Ex* et *Succus*.

8° KATALO, A, « pendant, pendu, suspendu ». Étymologie assez obscure. Nous serions tenté, pour notre part, de voir dans ce mot une abréviation du vieux Béarnais, vieux Provençal et vieux Catalan *Alongat* « allongé », Béarnais *Aloungat*, du Latin *Longus*, mais avec la préfixe péjorative *Ka* (voy. *Katabuta*) et un *t* intercalé qui est ici euphonique, comme dans *Katarde* « écureuil », et *Zerutarri* « saphir », litt. « pierre céleste, bleu de ciel », de *Zeru* « cœlum » et *Harri*, « pierre. »

En effet, tout objet suspendu en raison de la loi d'attraction éprouve comme une tendance à s'allonger, à se rapprocher de terre.

9° KATARDE, A, « écureuil ». Nous avions cru d'abord y retrouver l'Ostyak (dial. de l'Irtysche) *Kouthyar*, *Koudhyar*, « polatouche, écureuil volant », avec *te*, partie augmentative, litt. « grand polatouche », mais outre que notre écureuil n'est pas plus grand que celui de Sibérie, il ne faut pas abuser de l'Ougro-Finnois, quand on veut faire de l'étymologie Basque. D'ailleurs, le mot s'explique suffisamment par l'Espagnol *Ardilla* « écureuil » (en Portugais *Harda*), mais avec *Ka* péjoratif et *t* euphonique intercalé, cf. le précédent.

10° ISKINASSO, A, « geai », litt. « qui fait beaucoup de bruit », ou « très enroué, qui crie d'une voix enrouée ». Effectivement, nous trouvons dans le mot, outre la finale augmentative *So*, une partie radicale *Iskin, Iskina*, qui rappelle beaucoup l'Espagnol *Esquila* « sonnaille », — Béarnais, *Esquire, Esquère* « clochette » — Italien, *Squilla*, — vieux Français, *Eschelle, Esquille* « petite cloche », qui n'a rien à faire au point de vue étymologique avec *Esquille* « petit fragment d'os », du Grec Σχίδη. En effet, *Esquila, Esquire, Squilla* nous sembleraient plutôt d'origine germanique. Cf. l'Allemand *Schelle* « sonnette, clochette, grelot », — vieux haut Allemand, *Schella*, — Allemand et moyen haut Allemand, *Schellen*, « sonner la cloche », — vieux haut Allemand, *Skaellan*, m. s., — Suédois, *Skal* « retentissement, bruit, son », et *Skalla* « résonner, retentir ».

Toutefois, nous jugeons préférable de voir dans les trois premières syllabes d'*Iskinasso*, une abréviation de l'Espagnol et vieux Provençal *Esquinancia, Esquinencia*, — Portugais, *Esquinencia, Squinencia*, — Béarnais, *Esquinance*, — Italien, *Squinanzia*, — vieux Français, *Esquinance, Squinance, Squinancie*, du Grec Κυνάγχη, litt. « étranglement de chien », de Κύων, « canis » et Ἄγχειν, « étrangler ». Effectivement, l'esquinancie fait tirer la langue au patient, à la façon du chien qui s'étrangle ou qui étouffe de chaleur. Remarquons d'ailleurs que le cri du geai a quelque chose de rauque, rappelant la voix d'une personne souffrante de la gorge.

11° OKHILO, A, « pic-vert ». Ne paraît pas devoir être rapproché de l'Espagnol *Esquilon* « sonaille, sonnette », — vieux Provençal, *Esquelha, Esquelle* « clochette »; nous préférons y voir notre vieux terme français « Boquillon ». Rien de plus naturel que cette comparaison du pic-vert qui frappe les arbres de son bec pour en faire sortir les vers ou les creuse pour construire son nid dans leur intérieur, avec le bûcheron qui les abat.

La chute de la labiale n'est pas d'ailleurs un fait rare en Basque, non plus que la chute du *n* final ; cf. *Alo* « allons », de l'Espagnol *Alon*, — *Gerenno* « étalon », de l'Espagnol *Garanon*, mot probablement d'origine germanique.

12° AHUNTZ, A, « chèvre ». Désignait peut-être plutôt à l'origine la brebis, on sait d'ailleurs, au point de vue de l'histoire naturelle, que la chèvre et la brebis se rapprochent beaucoup l'une de l'autre. Le mot semblerait d'origine celtique, cf. Gallois, *Oen* « agneau », — Bas-Breton *Oan* et (dial. de Vannes) *Oen*, — Cornique, *On*, sans doute d'un vieux thème *Oyne*. Le *a* initial serait ici euphonique, comme par exemple dans *Athun* « thon », — *Athamenda* « demander ». Quant au *tz* final, ne serait-il pas pour *Tze*, finale infinitive qui indique parfois production, apport : cf. *Sagartze* « pommier », de *Sagar, ra* « pomme », — *Arhuntze* « prunier », de *Arhana* « prune » ?

Ahuntza serait donc l'animal qui produit des chèvres ou des agneaux. Remarquons que la même racine *Ahun* apparaît dans *Ahunno* « chevreau », mais accompagnée de la finale diminutive *no*.

12° SAGU, A, « souris ». Ce mot ne saurait s'expliquer, que nous sachions, par aucune langue indoeuropéenne. En revanche, il offre bien de l'analogie avec le Géorgien *Thagwi*, m. s. Nous admettrions volontiers qu'ils peuvent avoir, l'un et l'autre, la même origine, mais sans décider de quel idiome ils dérivent primitivement.

13° SUGE, A. « serpent ». Encore un de ces rarissimes noms d'animaux qui nous rappellent les idiomes de l'Europe Orientale : cf. Esthonien (dial. de Dorpat) *Siug*. Ce mot est d'ailleurs bien isolé au sein de la famille Ougro-Finnoise, et nous ne savons d'où le faire venir. Peut-être faut-il en rapprocher l'Ostyak-Iénisséien, *Thieg*, m. s.

14° IXU, A, « aveugle ». Nous avions d'abord songé à rapprocher ce mot du Béarnais *Pichous, Pixous*, litt. « pisseux », pris parfois comme injure. Le *p* initial aurait disparu comme dans *Ollo* « poule », *Lanno* « franc, sincère, loyal », du Latin *Planus*, etc. Mais alors il faudrait supposer les montagnards pyrénéens bien discourtois à l'égard des malheureux privés de la vue.

Somme toute, *Ixu* pourrait bien n'être qu'un doublet d'un archaïque *Uxu*, employé encore dans certains cantons et qui, d'ailleurs, possède le même sens.

On sait avec quelle facilité le *u* devient *i* en Basque; cf. *Okhitu* ou *Okhiti* « cassé, vieilli, usé », — *Inxegu* ou *Inxegi* « ennui ».

Tous les deux, sans aucun doute, se rattachent au Latin *Luscus* « borgne », — vieux Français, *lousque* « louche », — Catalan, *Llusco*, — vieux Provençal, *Losc*, — Béarnais, *Luscou*, *Lusque*, mais avec chute du *l* initial · cf. *Hori* « jaune ». Remarquons toutefois que nous n'avons pas d'autre exemple du *x* basque répondant à *sc*, *sk* primitif, mais on peut admettre ici une chute pure et simple de la gutturale finale.

Par égard pour les aveugles et pour ne pas leur rappeler ce que leur état offrait de désespéré, le Basque se contente de les traiter de « louches ».

15° HIRI, A, « ville, cité ». Pas moyen, comme nous avions cru d'abord pouvoir le faire, de rapprocher ce mot de l'hébreu *'Ir, hir,* m. s. La forme Ibérienne antique était certainement *Ili* ou *Eli*. Le *l* primitif sera devenu *r* entre deux voyelles, comme dans *Zeru* « ciel », du latin *Cœlum*, — *Soro* « sol », — *Ainguru* « ange », de *Angelus*, etc.

C'est ce que démontrent plusieurs noms d'anciens

centres de populations, tant en Espagne qu'en Aquitaine. Citons par exemple *Iliberis* ou *Illiberis*, litt.

Villeneuve » (cf. *Berri*, neuf, nouveau), sur la rive gauche du Tech (Tichis), à deux lieues environ de Perpignan. Cette localité fut plus tard appelée *Elena*, d'où son nom moderne d'Elne. Elle avait jadis été le siège d'un évêché, transporté, par la suite, à Perpignan. — *Eliberis*, m. s., actuellement *Elvira* ou *Elvire*, près de Grenade, en Andalousie. Un concile s'y tint en 305. Il y a, aux environs, une montagne appelée *Sierra Elbira* ou *Elvira*. — *Iliberis* ou *Cocolliberis*, *Cocoliberis*, litt. « ville neuve des Caucones *ou* Cocones », aujourd'hui Collioure, dans le Roussillon, aux pieds des Pyrénées, à 6 lieues S.-E. de Perpignan et à 2 lieues S. d'Elne. Nous ne saurions guère hésiter non plus à voir une corruption de ce même *Eliberris*, *Elimberris*, dans le préten du *Climberris*, *Cliumberrum*, *Elimberrim* de Pomponius Méla et de la carte de Peutinger. Elle reçut, par suite, le nom d'*Augusta Ausciorum* ou *Auscorum*. C'est la ville d'Auch, jadis capitale de l'Armagnac et aujourd'hui chef-lieu du département du Gers.

Sans doute, l'existence de ces vieilles formes Ibériennes *Iliberis*, *Eliberris*, a été contestée. On s'est surtout étayé pour révoquer en doute sur da uthenticité sur les monnaies des habitants de l'antique cité d'Elvire. Leur nom y a été lu *Ilurir*, litt. « de ceux d'*Iluri* », des « habitants d'*Iluri*. On sait que le *r* final est généralement considéré comme indice du génitif pluriel composé dans le dialecte du sud de l'Hispanie. Or, *Iluri*, dit-on, ne ressemble pas du tout à *Iliberri*.

Faisons tout d'abord observer combien il serait risqué de soutenir que tous les écrivains de l'antiquité ont entendu de travers et qu'ils se sont, pour ainsi dire, donné le mot pour se tromper à peu près de la même façon. Évidemment, ces auteurs durent transcrire de la manière dont ils avaient entendu. Se rejeter sur une erreur des copistes semblerait véritablement encore moins soutenable.

Du reste, il y a, croyons-nous, moyen d'expliquer cette étrangeté d'orthographe d'*Ilurir*. On peut supposer tout d'abord que le signe rendu par *u* (*ou*) répondait plutôt à une syllabe qu'à un son simple. M. Huebner reconnaît l'existence de plusieurs signes syllabiques dans l'alphabet Ibérique. Il en cite un répondant à notre syllabe *Ka* (*ka*), un autre exprimant le groupe *Ce* ou *Ke*. Un troisième enfin serait l'équivalent du groupe *Du* ou *Dou*. Dans cette hypothèse, le prétendu caractère *u*, *ou* aurait bien pu se lire *Ve* ou *Be*. Nous obtiendrions ainsi une forme *Ilberir* ou *Ilverir* assez rapprochée d'*Iliberris*.

Une autre hypothèse serait encore possible. Serait-il donc si téméraire de supposer que ledit signe *u* avait comme en Latin, suivant les cas, une double valeur, soit de voyelle, soit de consonne, qu'elle pouvait, en un mot, se prononcer soit *u* soit *e*? Au lieu de

Ilurir, nous obtiendrions de la sorte *Ilvrir*, ou *Ilbrir*, ou même *Ilverir, il verir*, en rétablissant la voyelle brève souvent supprimée en Ibérien, tout comme dans l'alphabet Phénicien dont il dérive. Nous voici bien près d'Iliberis.

Nous chicanera-t-on sur ce que les monnaies donneraient un *v* au lieu d'un *b* ? Mais on sait combien ces deux lettres sont souvent confondues tant en Espagnol qu'en Béarnais. Le Basque actuel ne les distingue même pas, et il est vraisemblable que cette confusion remonte à une haute antiquité. Rappelons à ce propos le mot de Scaliger : *Felices Vascones quibus vivere est bibere*, et la répartie moins connue de l'ambassadeur d'Espagne au roi des Belges : « Sire, je suis entré dans la diplomatie l'année même où mon *veau-frère* est devenu *bœuf*. »

Ajoutons par parenthèse que les termes *Hiri* ou *Ili* se retrouvent peut-être dans les noms suivants de villes antiques :

1° *Ilerda*, aujourd'hui *Lérida* en Catalogne, sur la rive droite de la Sègre (jadis *Sicoris*), à 18 lieues N.-O. de Tarragone et 31 N.-O. de Barcelone. Un concile s'y tint en 524. Elle faisait partie autrefois du territoire de Illergètes.

2° *Ilicis* ou *Ilicum*, actuellement *Elche*, célèbre par sa forêt de palmiers. Cette ville est située sur la la Segura, à 4 lieues O. d'Alicante (royaume de Valence.

3° *Ilipa*, assimilée par Danville à *Alcolea*. Ne serait-ce la même localité que Vosgien indique sous le nom de *Hienipa* et qu'il identifie d'ailleurs à *Alcala de Guadaira*, sur la rivière de ce nom, à 24 lieues S.-E. de Séville (Andalousie) ?

4° *Ilipula* ou *Elepha*, aujourd'hui *Niebla*, sur les rives du Rio-Tinto, à 16 lieues O. de Séville.

5° *Iliturgis* ou *Illiturgis*, près d'Andujar ou Anduxar, si ce n'est juste sur le même emplacement. Il n'en reste plus guère, assure-t-on, que des ruines. Elle se trouve à 10 lieues E. de Cordoue et 9 lieues O. de Jaën.

6° *Ilorcis* ou *Eliocrata*, aujourd'hui *Lorca*, baignée par la Guadalentin, à 14 lieues S.-O. de Murcie et 12 lieues O. de Carthagène.

7° *Illunum* ou *Bigerra*, actuellement Villena, à 22 lieues N.-E. de Murcie et 22 S.-O. de Valence.

9° *Illuro* ou *Illuro*, aujourd'hui *Mataro*, en Catalogne, à 14 lieues S.-O. de Gironne et 6 lieues N.-E. de Barcelone.

10° *Iluro*, qui n'est autre chose qu'Oloron, sous-préfecture du département des Basses-Pyrénées, à 4 lieues S.-O. de Pau.

Nous ne saurions du reste nous empêcher de reconnaître encore le terme *Ili*, « cité, ville », dans le nom de deux peuples de l'antique Ibérie, à savoir, les *Ilercaons*, dont l'une des cités principales était Dertosa, aujourd'hui Tortosa, sur la rive gauche et non loin de l'embouchure de l'Èbre, et les *Ilergètes*, dont il vient d'être question à propos de la cité d'Ilerda.

Il semble reparaître encore dans le nom de l'antique *Elusa*, principale ville des *Elusates*, qui avaient tiré d'elle leur nom et vivaient au N.-O. des *Ausci*.

Si, enfin, l'on admet (hypothèse qui n'offre rien de téméraire). que le durcissement du *l* en *r* avait déjà pu se produire dans quelques anciens dialectes Ibériques, rien n'empêchera de reconnaître le mot *Ili* dans *Iria flavia*, litt. « ville de Flavius », aujourd'hui *Padron*, en Galice, sur l'Ulla, à 4 lieues S. de Compostelle. L'assimilation en serait peut-être beaucoup moins acceptable avec le dissyllabe final du nom de *Gracchuris*, litt. « ville de Tibérius Gracchus », parce que le célèbre personnage en fut le fondateur. Danville l'assimile à la localité actuelle d'Alfaro, et Vosgien à celle d'Agréda, dans la Vieille-Castille, à 3 lieues S.-O de Tarragona. Ce fut, on le sait, la patrie de sainte Marie d'Agréda.

Inutile de parler ici d'une ville d'*Agreda* ou *Nueva Malaga*, en Amérique, dans le royaume de Quito, à 45 lieues S.-O. de la ville de ce nom. Peut-être aura-t-elle été ainsi désignée en souvenir de sainte Marie d'Agréda.

Nous ne pouvons, en terminant, nous empêcher de protester contre l'hypothèse d'Ampère, qui traduit le nom du mont Esquilin, à Rome (*Exquiliæ*, *Esquiliæ*, *Esquilinus*), par « Cité des Basques », de *Euski*, litt.

« Les parlants », terme à rapprocher de celui d'*Euskara* « langue Basque », litt. « langue des parlants », de *Eusi* « parler à haute voix », d'où *Eskalherria* « pays Basque », litt. « pays de la langue Basque », et *Euskaldun* « Basque », possesseur de l'*Eskalherria*, du pays où l'on parle l'Euskara, et enfin de *Ili*, « ville ». A l'exemple de beaucoup d'autres peuples, les Basques se considéraient comme étant les seuls à parler une langue compréhensible. Aussi, donnent-ils aux autres idiomes le nom d'*Erdiara* ou demi-langage. C'est ainsi que les Chinois, qui se regardent comme seuls véritablement raisonnables et civilisés, accordent cependant aux Barbares de l'Occident une demi-intelligence, qui leur permet de réussir dans les sciences. Du reste, ce mot *Euski* ne reparaît-il pas dans le nom des anciens *Ausci*, à peu près équivalent à celui d'*Euskaldun*, puisqu'il est formé, lui aussi, du verbe *Eusi*, mais joint à la finale partitive *Ki*, litt. « portio loquentium » ?

Le docte historien partait de là pour soutenir l'existence d'anciennes populations d'origine Ibérienne, jusque dans l'Italie Centrale. La chose n'est pas, sans doute, impossible, mais, à coup sûr, les arguments invoqués par Ampère ne nous semblent guère concluants. Qui nous dit qu'il soit le moins du monde question de Basques dans le nom de l'Esquilin ? Ne pourrait-il pas se rattacher au latin *Æsculus* « chêne à glands doux et comestibles », de la racine *Edere*

« manger » ? L'Esquilin aurait donc simplement été
« la montagne couverte de chênes à glands doux ».

Pour nous résumer, le terme *Ili* pourrait bien être
primitif en Basque. et nous ne voyons guère à quoi le
rattacher. Sans doute, la ressemblance avec le Tchéré-
misse *Ala* « urbs », — Suomi, *Kyllae*, — Turk-Tar-
tare, *Kula*, — Turk-Osmanli, *Kaleh* « château », mérite
de passer pour purement fortuite.

Cte DE CHARENCEY.